Originalausgabe unter dem Titel
Construis ta ville en carton erschienen bei:
©2023 Mango Jeunesse, Paris

Redaktion: Guillaume Pô
Redaktionsleitung: Tatiana Delesalle
Layout: Raphaël Hadid
Fotos : Régis Baudonnet

Für die deutsche Ausgabe:
Produktmanagement, Lektorat, Korrektorat, Satz:
VerlagsService Dietmar Schmitz GmbH
Verantwortlich Svenja Wiglinghaus
Übersetzung: Christine Schnappinger,
VerlagsService Dietmar Schmitz GmbH
Umschlaggestaltung: Mathias Frisch
Herstellung: Julia Hegele
Printed in Rumänien

★★★★★

Sind Sie mit diesem Titel zufrieden? Dann würden wir uns über Ihre Weiterempfehlung freuen.
Erzählen Sie es im Freundeskreis, berichten Sie Ihrem Buchhändler oder bewerten Sie bei Onlinekauf. Und wenn Sie Kritik, Korrekturen, Aktualisierungen haben, freuen wir uns über Ihre Nachricht an:
Christophorus Verlag, Postfach 40 02 09, D-80702 München oder per E-Mail an lektorat@verlagshaus.de

Unser komplettes Programm finden Sie unter:

www.christophorus-verlag.de

Die Deutsche Nationalbibliothek verzeichnet diese Publikation in der Deutschen Nationalbibliografie; detaillierte bibliografische Daten sind im Internet über https://www.dnb.de/ abrufbar.

ISBN 978-3-8411-0310-9

Besuchen Sie uns im Internet:
www.christophorus-verlag.de
und www.selbstgemacht.de

PEFC-zertifiziert
Dieses Produkt stammt aus nachhaltig bewirtschafteten Wäldern und kontrollierten Quellen
PEFC
PEFC/46-31-13
www.pefc.ro

Tiffanie Pichon

MEINE STADT AUS KARTON

Straßen, Häuser, Landschaften & Fahrzeuge aus Pappe basteln

CV

INHALT

GEBÄUDE

FIGUREN UND FAHRZEUGE

LANDSCHAFTEN UND DETAILS

Über die Autorin

Als Künstlerin und Illustratorin zeichne, male, klebe, forme und schneide ich mit großer Freude! Ich sammle und verarbeite alles Mögliche, um Illustrationen, Skulpturen und Objekte zu kreieren. Ich verwende gerne Elemente aus der Natur (eine Pflanze, einen Stein ...) oder Recycling-Materialien (eine leere Verpackung, einen Flaschendeckel ...). All diese Dinge erzählen Geschichten, und wenn sie aufeinandertreffen, entstehen neue Geschichten! Ich setze Dinge zusammen, um verspielte und farbenfrohe Miniaturwelten zu formen. In diesem Buch gebe ich dir Tipps und Anleitungen an die Hand, um eine kunterbunte Welt aus Karton zu erschaffen!

Und jetzt bist du an der Reihe: Baue dir deine eigene einzigartige Stadt aus Karton!

Tiffanie Pichon

EINLEITUNG

IN NEUN PROJEKTEN LERNST DU, ALLES ZU BAUEN, WAS DEINE STADT SO BRAUCHT.

Prinzipiell entsteht eine Stadt aus dem Wunsch einer Gruppe von Menschen heraus, sich an einem Ort niederzulassen, um dort gemeinsam zu leben. Eine Stadt unterscheidet sich von einem Dorf durch ihre Größe, aber auch durch die Angebote, die es vor Ort gibt. Für Handel, Industrie, Kultur, Bildung und Politik braucht es spezielle Gebäude: Geschäfte, Einkaufszentren, Fabriken, Schulen, Verwaltungsgebäude, Banken, Museen, Theater ... Und die Gebäude, Viertel und Straßen, aus denen eine Stadt besteht, können die unterschiedlichsten Formen haben. Manche Häuser sind aus Stein oder Holz, andere aus Beton oder Glas; es gibt kleine enge Gassen mit Kopfsteinpflaster und große breite asphaltierte Straßen; es gibt prächtige Villen mit großen Gärten und kleine Reihenhäuser, die direkt nebeneinander stehen. Die unterschiedlichen Bauformen erzählen die Geschichte einer Stadt, berichten von den Bedürfnissen, den verfügbaren Baumaterialien und dem Geschmack der Menschen in den verschiedenen Epochen. All dies macht Stadtarchitektur aus. In diesem Buch findest du Methoden, wie du ganz einfach Gebäude, Straßen, Brücken, Bäume und Figuren herstellen kannst, und noch dazu aus recycelten Materialien!

HIER NOCH EIN PAAR TRICKS UND TIPPS VORAB ...

- Achte in deiner Umgebung auf die Formen von Gebäuden, Dächern, Brücken und Schaufenstern und beobachte sie genau. Schaue dir Schilder, Schornsteine, Fassaden und die verwendeten Materialien an und notiere oder zeichne, was dir auffällt! Halte die Augen offen und du wirst Menschen in den unterschiedlichsten Berufen sehen, die dafür sorgen, dass eine Stadt gut organisiert ist. Früh am Morgen hörst du die ersten Busse, die die Menschen zur Arbeit bringen, und die Müllabfuhr, die den Abfall abtransportiert. Tagsüber siehst du Postboten, die die Briefe austragen, Polizisten, die den Verkehr regeln, Bauarbeiter, die ein Hochhaus errichten, Straßenfeger, die die Gehwege reinigen, Gärtner, die die Grünflächen pflegen, und noch vieles mehr ... Lass dich von allem, was du siehst, inspirieren, um eine lebendige Stadt zu gestalten!
- Du bist es sicherlich schon gewohnt, deinen Müll zu trennen! Um deine Stadt zu bauen, brauchst du den Müll, der in die Papiertonne oder in den gelben Sack gehört. Sammle daher, bevor du anfängst, Material, das dich inspiriert: Schachteln in verschiedenen Größen und Formaten, Kartons, Plastikflaschen und -deckel, Papprollen und vieles mehr. Du wirst auch alte Magazine oder Zeitungen brauchen, um Wörter oder Bilder auszuschneiden.
- Wenn du Getränkekartons, Flaschen oder andere Lebensmittelbehälter verwendest, wasche sie sorgfältig aus, damit keine unangenehmen Gerüche in deiner Stadt entstehen.
- Um deine Stadt zu gestalten, brauchst du auch ein bisschen Platz, damit du gut arbeiten kannst! Richte dir einen Bastelplatz auf dem Tisch oder auf dem Boden deines Zimmers ein und decke die Oberflächen gut mit Zeitungspapier ab, bevor du loslegst.
- Sei vorsichtig, wenn du mit Heißkleber arbeitest, denn die Spitze der Klebepistole ist heiß!
- Sei vorsichtig, wenn du mit Schere oder Cutter arbeitest, denn die Klingen sind scharf!
- Reinige deine Pinsel und Hände regelmäßig, damit deine Stadt keine Flecken abbekommt.

Und schon kann's losgehen!

UTENSILIEN

Acryl-
Malfarben
Wasserglas
Filzstifte
Lineal
Bleistift
wasserfeste Marker
vom Typ Posca®
Geodreieck
Cutter
Schere
Pinsel
Radiergummi
Heißklebepistole
Kleber
Lappen

MATERIALIEN

Frisörsalon

GEBÄUDE

Projekt 1

HAUS UND LADEN

Beginnen wir mit dem Bau eines Hauses. Es könnte blau, gelb oder rosa sein, groß und hoch oder klein und schmal, auf Stelzen oder mit einem Garten ... Das liegt ganz an dir. Es könnte eine Kopie des Hauses sein, in dem du wohnst, oder das Haus deiner Träume! Anschließend denken wir uns ein Haus mit Laden aus: es könnte ein Einkaufsladen, ein Frisörsalon oder ein Restaurant sein ... oder was auch immer du den Bewohnern deiner Stadt bauen möchtest!

UTENSILIEN

- Heißklebepistole
- Schere
- Lineal
- Geodreieck
- Bleistift
- Filzstifte/Marker
- Pinsel und Acryl-Malfarben
- Wasserglas und Lappen
- Cutter (optional)

MATERIALIEN

- Schachtel (oder Getränkekarton)
- starkes farbiges Papier
- alte Zeitungen oder Magazine

HAUS

Bemale die Schachtel und lass die Farbe trocknen. Trage, wenn nötig, weitere Schichten auf.

Verziere das Haus in einer anderen Farbe mit Details wie Steinen oder Ziegelsteinen. Du kannst dafür auch Filzstifte/Marker benutzen!

Lege die Schachtel auf ein Stück farbiges Papier und markiere mit Bleistift ein Rechteck, das 1 cm größer ist als die Schachteloberseite.

Schneide das Rechteck aus und falte es in der Mitte. Es ergibt das Dach.

Befestige mit Heißkleber das Dach auf der Oberseite deiner Schachtel.

Schneide kleine Rechtecke aus, um Fenster, Türen und Fensterläden zu erstellen. Füge die Details mit Filzstiften/Markern hinzu.

Klebe zuerst die Fensterläden, dann die Fenster und die Türen an die Seiten deines Hauses.

Lass uns eine Treppe hinzufügen! Schneide einen Streifen aus farbigem Papier aus und falte ihn im Zickzack.

Benutze eines der Enden der Ziehharmonika, um deine Treppe an die Wand des Hauses zu kleben.

Viel Spaß beim Hinzufügen von Details: Dachziegel, ein Kamin, ein Garten mit grünem Gras ...

TIPP

Jedes Haus hat seinen eigenen Charakter! Experimentiere mit unterschiedlichen Verpackungen, Fenstern, Türen und Dächern, um alle Häuser deiner Stadt zu bauen!

LADEN

Markiere mit Bleistift die waagerechte Mitte jeder Seite der Schachtel. Male die unteren und die oberen Teile unterschiedlich an.

Male die Details deiner Wahl auf (Steine, Ziegel ...). Der untere vordere Teil wird dein Laden.

Messe die Maße des Ladenteils ab. Übertrage diese Maße auf helles Buntpapier. Zeichne Türe und Schaufenster deines Ladens auf.

Schneide Türe und Schaufenster aus und klebe sie auf den Laden. Du kannst sie auch direkt mit Filzstiften/Markern oder Acrylfarbe aufmalen.

Lege die Schachtel auf ein Stück farbiges Papier und markiere mit Bleistift ein Rechteck, das 1 cm größer ist als die Schachteloberseite.

Schneide das Rechteck aus und falte es in der Mitte. Klebe es als Dach auf die Schachtel!

Klebe deine Fenster auf allen Seiten des Ladens auf!

Füge mit Filzstiften/Markern Details hinzu!

Erstelle ein Vordach aus einem Rechteck aus Buntpapier. Zeichne rechts und links 5 mm vom Rand entfernt je eine Linie und falte die Blattränder entlang dieser Linien nach oben.

Schneide eine der langen Seiten wellenförmig ein. Klebe dein Vordach über die Schaufenster.

Schneide aus einem alten Magazin oder einer Zeitung ein Wort aus, das als Namensschild für deinen Laden dienen soll.

Füge Details hinzu: einen Schornstein, eine Antenne, eine Laterne, Blumenkästen, einen Schaufensterrahmen oder ein lustiges Bild als zusätzliches Schild ...!

Bastle ein Schild, indem du Zahlen, Wörter oder Bilder aus einer Zeitschrift ausschneidest!

Verwende Holzspatel, um ein hübsches Dach zu gestalten.

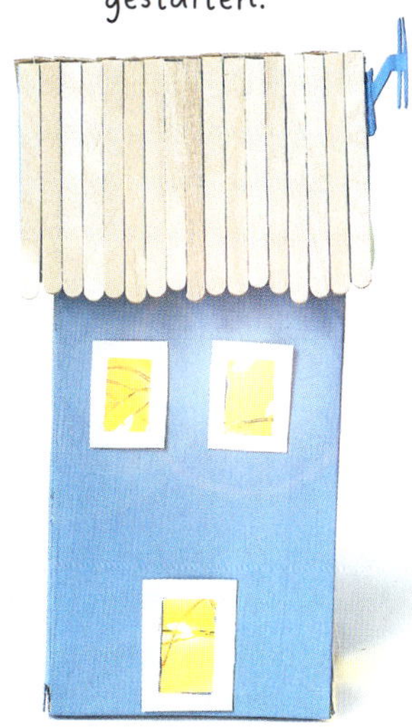

Entwirf ein Haus auf Stelzen, mit dem man auf dem Wasser leben kann! Bohre Löcher in den Boden deiner Schachtel und stecke zusammengerolltes Papier als Pfähle in die Löcher.

Projekt 2

HOCHHAUS

Seit der Erfindung von Aufzügen und Stahlkonstruktionen füllen sich die Städte mit Hochhäusern. Die höchsten werden »Wolkenkratzer« genannt, weil sie so hoch hinauf in den Himmel ragen und Dutzende von Stockwerken besitzen. Diese Hochhäuser haben manchmal erstaunliche Formen! Spiele mit Volumen, Materialien und Farben.

UTENSILIEN

- Heiß-klebe-pistole
- Schere
- Lineal
- Filzstifte/Marker
- Pinsel und Acryl-Malfarben
- Wasserglas und Lappen

MATERIALIEN

- etwa 10 Schachteln in verschiedenen Größen (Teebeutelschachteln, Medikamentenschachteln, Müslikartons ...)
- farbiges Papier

Bemale deine Schachteln in verschiedenen Farben.

Klebe sie stapelweise übereinander und drehe sie, um Bewegung in die Sache zu bringen und ein fantasievolles Hochhaus zu bauen!

Gestalte die Fensterscheiben. Experimentiere mit den Farben, damit es so aussieht, als würde in einigen Zimmern Licht brennen oder Licht von der Straße reflektiert.

Klebe die Fenster auf die Seiten deines Hochhauses. Du kannst die Fenster auch direkt mit deinen Filzstiften/Markern aufmalen!

Füge Details wie Geländer hinzu, um Terrassen zu gestalten. Du kannst auch Antennen oder Werbetafeln hinzufügen.

TIPP

Experimentiere mit unterschiedlichen Arten von Verpackungen, z. B. mit Plastikflaschen, Papprollen, Konservendosen ...

Das größte Hochhaus der Welt steht in Dubai und ist 828 Meter hoch. Wie hoch soll das größte Hochhaus in deiner Stadt werden?

50

Projekt 3

FABRIK

In einer Stadt gibt es viele Einrichtungen: Rathaus, Krankenhäuser Einkaufszentren, Bahnhöfe, Schulen, Museen, Konzerthäuser, Theater, Kultstätten, in denen verschiedene Religionen praktiziert werden, aber auch Industriebetriebe. Gemeinsam werden wir nun eine Fabrik bauen!

UTENSILIEN

- Heißklebepistole
- Schere
- Lineal
- Filzstifte/Marker
- Pinsel und Acryl-Malfarben
- Wasserglas und Lappen

MATERIALIEN

- Recycling-Materialien:
  - 3 rechteckige Schachteln
  - 1 Milchflasche aus Plastik
  - 1 Eierkarton
  - Toilettenpapier - oder Küchenpapier-Papprollen
  - 1 Flaschendeckel
  - 6 Korken
  - 1 Pappbecher
  - 1 runde Frischkäseverpackung mit Deckel
  - Holzspatel
  - 1 Zahnstocher
- farbiges Papier
- starkes weißes Papier

Bemale deine drei Schachteln in verschiedenen Farben.

Für die Tanks schneide den Deckel des Eierkartons ab und dann die Ränder, sodass nur noch die Mulden übrig bleiben.

Schneide die überstehenden Zapfen im Inneren ab. Male die Tanks mit Akrylfarbe an und füge mit Filzstiften/Markern Details hinzu.

Für die Schornsteine der Fabrik nimm Pappbecher und Küchenrollen und male farbige Streifen auf!

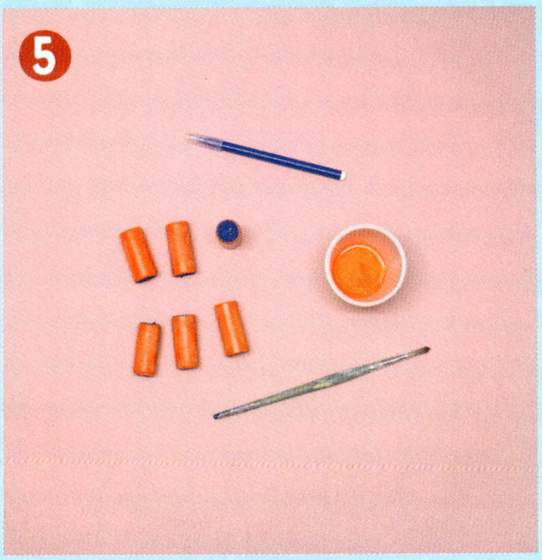

Male die Korken mit einer kräftigen Farbe an, sie sollen kleinere Tanks darstellen.

Für Fenster und Türen schneide kleine Rechtecke aus farbigem Papier aus und male mit Filzstiften/Markern Details auf.

Klebe die Dächer, Fenster, Tanks, Schornsteine und kleineren Tanks auf die Dächer deiner Schachteln.

Füge einen großen Tank hinzu, indem du die Milchflasche auf das Dach klebst.

Bemale die Frischkäseverpackung mit Deckel und forme vier Papierstücke zu dünnen Rollen, um Stelzen für den Wasserturm zu schaffen.

Schneide eine Toilettenpapier-Papprolle der Länge nach auf. Forme ein Stück davon zu einem Kegel, klebe diesen zusammen und male Streifen auf.

Mache mit einer Schere einen Einschnitt am breiteren Ende des Kegels. Schiebe einen Zahnstocher durch den Schlitz und stecke ihn in einen Flaschendeckel.

Erzeuge einen industriellen Touch, indem du Leitern, Gerüste und Geländer hinzufügst, die du aus weißem Papier ausschneidest oder aus Holzspateln zusammenklebst!

TIPPS

- Mit den Grundformen, die du nun kennst, kannst du schon alle möglichen Gebäude bauen.
- Füge Schilder hinzu, damit sich deine Bewohner besser orientieren können!
- Spiele mit den Formen der Verpackungen, um Kuppeln oder Glockentürme zu erschaffen!

LANDSCHAFTEN UND DETAILS

Projekt 4

BERGE

Menschen leben fast überall auf der Erde, und es gibt Städte in allen möglichen Gegenden: am Meer, in Wüstengebieten, im Dschungel oder in der Arktis ... Zuerst bauen wir nun aber Berge für eine Gebirgslandschaft!

UTENSILIEN

- Heißklebepistole
- Schere
- Lineal
- Bleistift
- Cutter (optional)

MATERIALIEN

- 1 Blatt starkes, dunkles, farbiges Papier im Format A3
- starkes weißes und graues Papier

Nimm das A3-Papier und zeichne zwei Linien: eine 15 cm von der linken Kante entfernt und eine 32 cm von der linken Kante entfernt.

Falte die linke Seite entlang der linken Linie nach vorne und die rechte Seite entlang der rechten Linie nach hinten.

Zeichne die Gipfel der Berge auf und schneide sie aus. Dank der Faltung steht die Bergkette aufrecht!

Lass uns Schnee hinzufügen! Platziere deine Gipfel auf einem weißen Blatt Papier und zeichne die Umrisse der Gipfel nach.

Vervollständige die Schneeform, indem du nach unten hin Ausläufer zeichnest. Schneide die Formen aus und klebe sie auf deine Gipfel.

Füge Details hinzu! Zeichne Wolken aus weißem oder grauem Papier und schneide sie dann aus.

Klebe die Wolken auf deine Berge!

TIPPS

- Der Berg könnte auch ein Vulkan sein. Schneide eine Lavaexplosion aus orangefarbenem, weißem und grauem Papier aus!
- Lass deiner Fantasie freien Lauf, um Landschaften zu erschaffen: einen großen Wald, einen anderen Planeten …
- Schneide geometrische Formen aus, um eine »Skyline« zu bilden (die Silhouette einer Stadt, die sich vor dem Himmel abzeichnet).

Projekt 5

STADTTEILE

Viele Städte wurden an einem Fluss gebaut: zuerst das historische Stadtzentrum, dann Wohn-, Einkaufs- und Geschäftsviertel und zuletzt die Vororte. Diese Gebiete sind durch Straßen verbunden und mit Parks und Plätzen geschmückt. Erschaffe Straßen, Gehwege, Flüsse, Parks und alle Viertel deiner Stadt!

UTENSILIEN

- Heißklebepistole
- Schere
- Lineal
- Bleistift
- Pinsel und Acryl-Malfarben
- Wasserglas und Lappen

MATERIALIEN

- farbiges Papier DIN A3 und DIN A4 in Rosa, Grün, Blau und Grau
- starkes weißes Papier

Nimm das rosafarbene Papier im A3-Format: Klebe in der oberen rechten Ecke ein graues Papier im Format A4 auf.

Schneide aus grünem Papier ein 16,5 x 21 cm großes Rechteck aus. Klebe es wie abgebildet auf (4,5 cm vom linken Rand des grauen Papiers entfernt).

Schneide einen Streifen aus blauem Papier aus und klebe ihn auf, um einen Fluss zu schaffen. Der rosa Bereich ist für Autostraßen gedacht, der graue für Gehwege und der grüne für Parks.

Schneide für die Autobrücke einen Streifen rosafarbenes Papier in der Breite der Straße aus. Klebe ihn in einem Bogen über den Fluss.

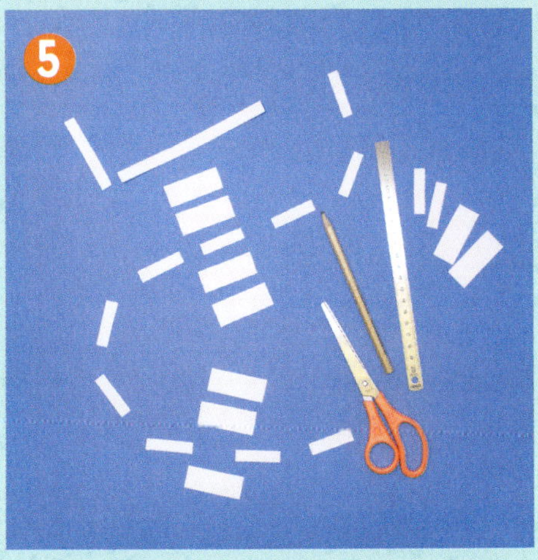

Schneide aus weißem Papier 2 x 5 cm große Streifen für die Zebrastreifen und dünnere für die Straßenlinien aus. Klebe sie auf.

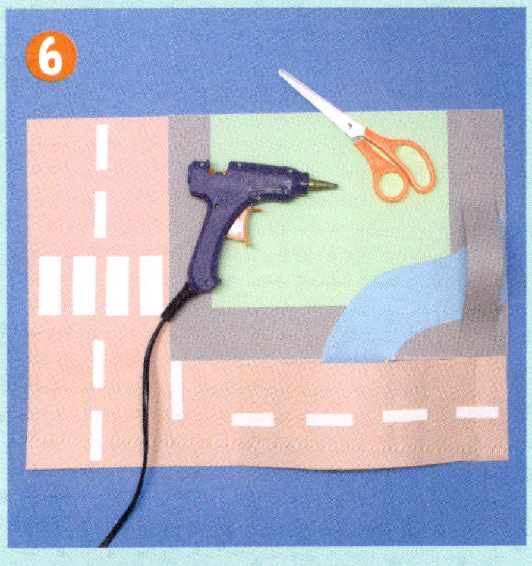

Schneide für die Fußgängerbrücke einen grauen Streifen in der Breite der Straße aus. Klebe ihn in einem Bogen über den Fluss.

Fertig ist ein erstes Stadtviertel, das du mit anderen Vierteln zusammensetzen kannst!

TIPP

- Schneide Formen aus weißem, grünem und blauem Papier aus, um einen Park mit einem See oder einem Springbrunnen zu gestalten!

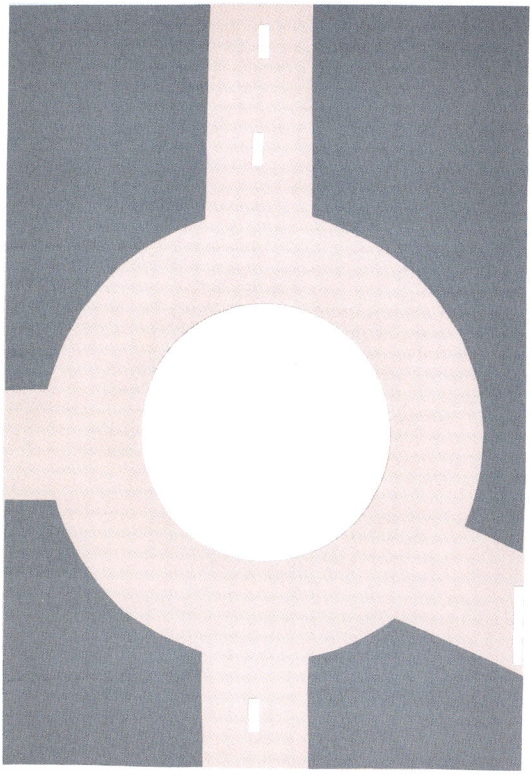

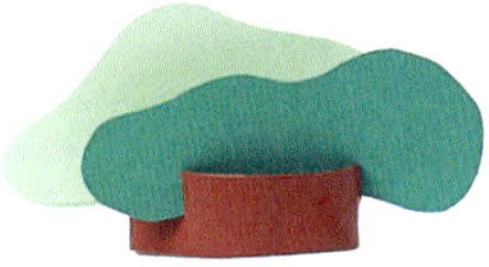

Projekt 6

BAUM UND BÜSCHE

Durch Parks, Gärten und Grünstreifen finden in Städten Wildtiere wie Igel, Vögel und viele Insekten ein Zuhause. Bäume und Grünflächen tragen außerdem im Sommer zur Abkühlung der Städte bei. Baue einen Baum und Büsche für deine Stadt!

UTENSILIEN

- Heißklebepistole
- Schere
- Lineal
- Bleistift
- Pinsel und Acryl-Malfarben
- Wasserglas und Pinsel
- Cutter (optional)

MATERIALIEN

BAUM:

- Karton (Stücke von Schuhschachteln, Müslischachteln ...)
- starkes weißes Papier

BÜSCHE:

- 1 Küchenpapier-Papprolle
- starkes hellgrünes und dunkelgrünes Papier

BAUM

1 Male auf ein großes Blatt weißes Papier einen Farbverlauf und lass ihn trocknen. Dann male auch die andere Seite an.

2 Zeichne einen Baum auf Karton: Der Stamm muss mindestens 10 x 3 cm groß sein. Schneide ihn aus. Schneide noch mal die gleiche Form aus.

3 Schneide bei der ersten Form unten am Stamm einen 5 cm langen Schlitz ein. Schneide bei der zweiten Form oben am Stamm einen 5-cm-Schlitz.

4 Nun können die beiden Formen ineinandergesteckt werden.

5 Zeichne auf deinem bemalten Blatt runde Formen für die Blätter und Blüten auf und schneide sie aus.

6 Male deinen Baum an und lass ihn gut trocknen. Dann klebe die Blätter an deinen Baum!

BÜSCHE

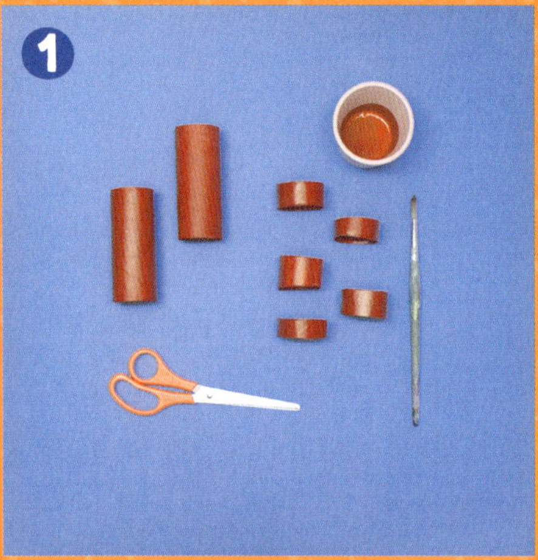

Bemale die Papprolle, lass sie trocknen und schneide dann verschieden hohe Stücke ab. Sie bilden die Basis für die Büsche.

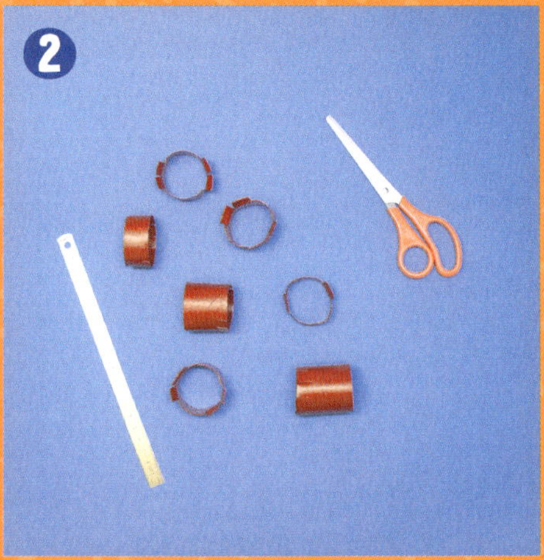

Schneide in jede Basis vier bis sechs einander gegenüberliegende Schlitze von etwa 1 cm.

Zeichne das Geäst deiner Büsche auf hellgrünes und dunkelgrünes Papier und schneide sie aus.

Baue deine Büsche zusammen, indem du die Formen in die Schlitze jeder Basis schiebst!

Ersetze im Winter die Blätter und Blüten durch Schnee!

TIPP

- **Spiele mit den Jahreszeiten und den Farben!**

Erschaffe Büsche unterschiedlicher Form und Farbe: stachelig oder rundlich, grün oder in herbstlichen Farben …

Projekt 7

STADTMÖBEL

Wenn man durch eine Stadt spaziert, entdeckt man zahlreiche »Stadtmöbel« im öffentlichen Raum: Sitzbänke, Brunnen, Litfaßsäulen, Spielplätze und vieles mehr. Entwirf eine Brücke, ein Buswartehäuschen und eine Straßenlaterne, um den Bewohnern deiner Stadt das tägliche Leben zu erleichtern!

UTENSILIEN

- Heißklebepistole
- Schere
- Lineal
- Bleistift
- Filzstifte/Marker
- Pinsel und Acryl-Malfarben
- Wasserglas und Pinsel

MATERIALIEN

- Holzspatel
- Karton (Stücke von Schuhschachteln, Müslischachteln, Paketen ...)

BRÜCKE

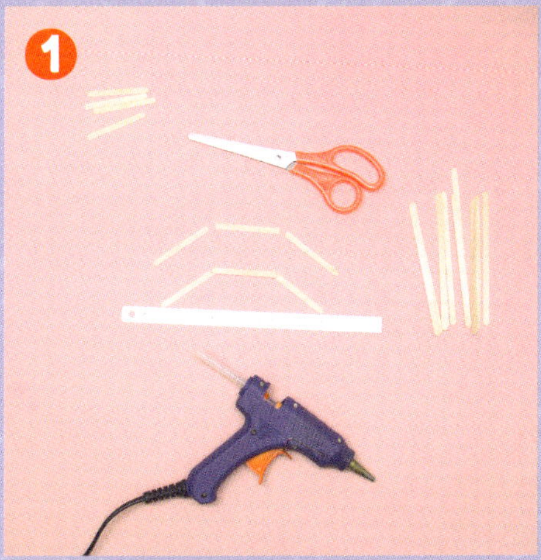

Halbiere etwa 20 Holzspatel. Klebe 2-mal jeweils 3 halbe Holzspatel zusammen, sodass sie einen Bogen bilden: das Fundament der Brücke.

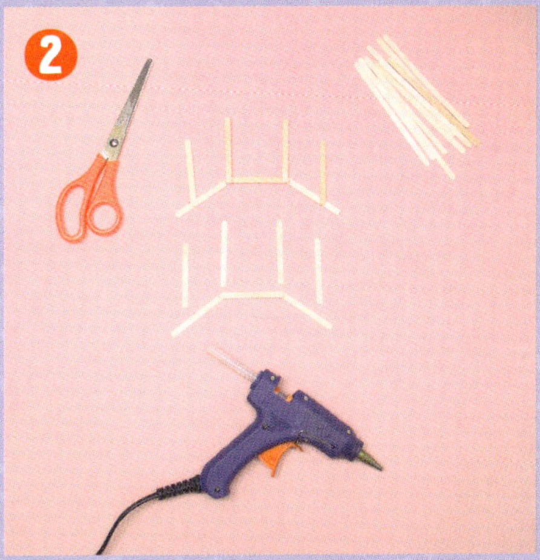

Klebe 4 Holzspatel-Stäbchen auf jedes Fundament. Das sind die Pfosten für das Brückengeländer.

Füge mit 6 halben Holzspateln die Querbalken zwischen den Pfosten hinzu.

Lege 2 halbe Holzspatel waagerecht so auf die Arbeitsfläche, dass du die nicht-halbierten Holzspatel dazwischen aneinanderkleben kannst. Erstelle 2 weitere Platten.

Schneide 6 Stücke von den Stäbchen ab, um Keile als Verstärkung zu bilden (rot markiert). Klebe sie auf das Fundament der Brücke.

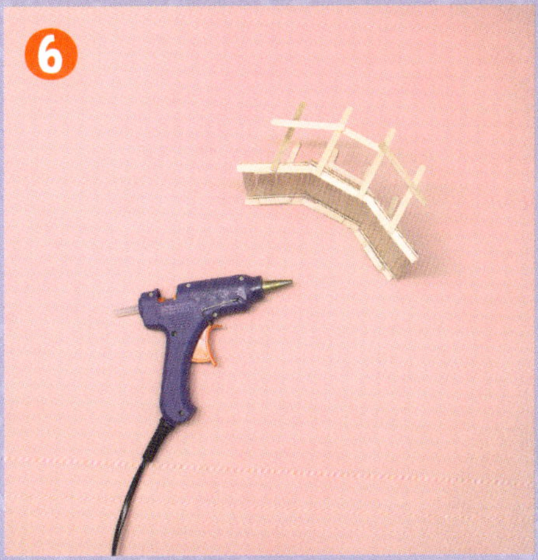

Klebe deine Platten auf die Keile, und fertig ist die Brücke!

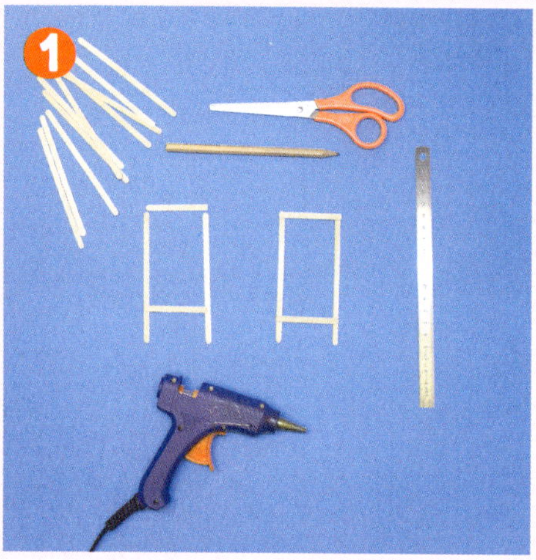

Bilde 2-mal jeweils mit 2 ganzen Holzspateln und 2 halben Holzspateln ein Rechteck (klebe dabei das untere halbe Stäbchen 1,5 cm nach oben versetzt an).

Erstelle die Struktur des Buswartehäuschens, indem du die beiden Rechtecke oben mit 2 Holzspateln verbindest.

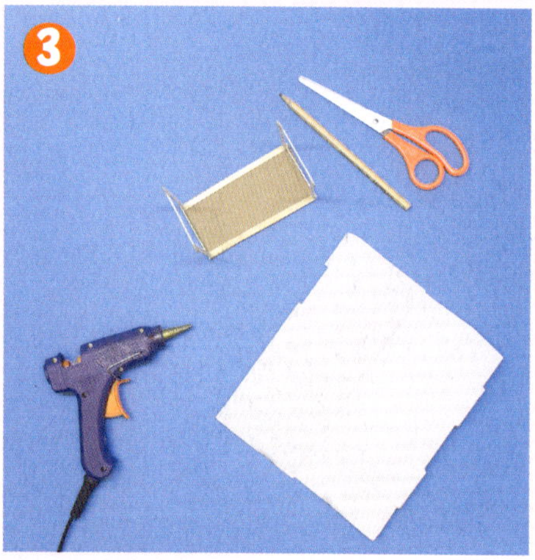

Zeichne die Umrisse des Daches auf Karton. Schneide das Dach aus und klebe es auf die Holzspatel-Konstruktion.

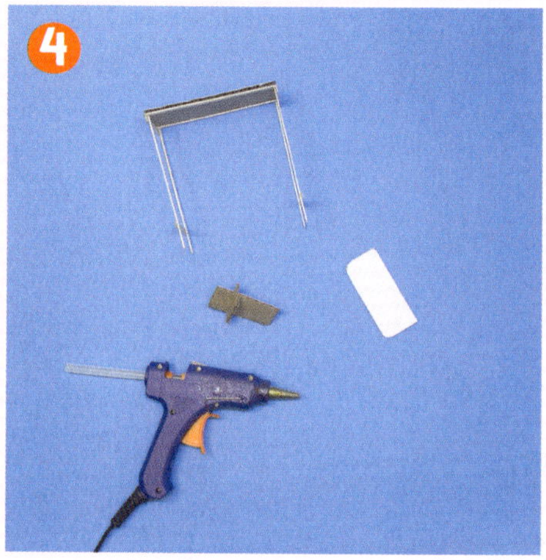

Schneide ein 5,5 x 2,5 cm großes Rechteck und ein 2,5 x 2,5 cm großes Quadrat aus Karton aus und in die Mitte einen 13 mm breiten Schlitz. Das ist das Fundament der Bank. Schneide eine 7 x 3 cm große Sitzfläche aus.

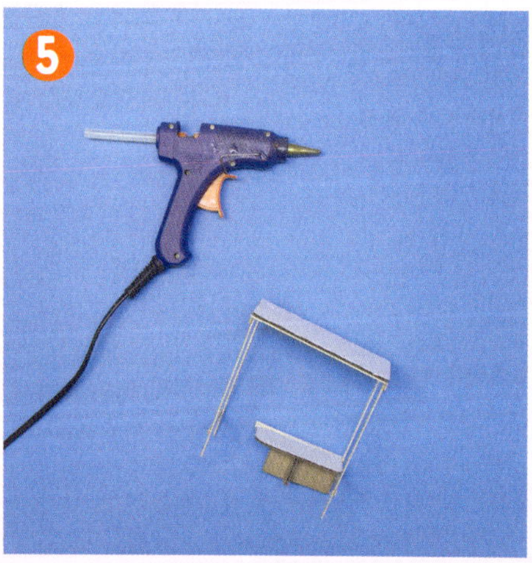

Klebe die Elemente zusammen.

Bemale und dekoriere dein Buswartehäuschen!

STRASSENLATERNE

Zeichne auf Karton 2 Streifen (10 x 4 cm groß) und schneide sie aus.

Schneide jeweils an einer der kurzen Seiten mittig einen 5 cm langen Schlitz in die Streifen.

Stecke die beiden Streifen ineinander. Schneide die oberen Ecken ab. Das ist der Sockel der Laterne.

Zeichne den oberen Teil der Laterne auf Karton. Der Mast muss an der Basis mindestens 2 cm breit sein. Schneide die Form aus und schneide unten einen 3 cm langen Schlitz in die Basis.

Male die Elemente an. Stecke den oberen Teil der Laterne auf den Sockel.

Es gibt viele verschiedene Formen von Brücken. Achte auf die, die du beim Spazierengehen entdeckst, und versuche, sie nachzubauen!

FIGUREN UND FAHRZEUGE

MENSCH UND TIER

Was für ein Trubel in deiner Stadt! »Klingeling«, ein Fahrradfahrer möchte einen Spaziergänger überholen. »Wuff!«, bellt der Hund einer alten Frau. Und der Polizist, der den Verkehr regelt, bläst in seine Trillerpfeife. Erwachsene sind bei der Arbeit, beim Einkaufen oder sitzen in einem Café, und Kinder spielen im Park. Erschaffe die Einwohner deiner Stadt!

Zeichne einen Menschen und ein Tier auf starkes weißes Papier (maximal 8 cm hoch). Schneide beide Figuren aus.

Zeichne mit einem Bleistift 2-mal den Umriss jeder Figur auf weißes Papier.

Schneide die Formen aus und male sie an. Achte darauf, dass du die richtigen Seiten anmalst.

Klebe jeweils die 2 Papierformen passgenau aufeinander.

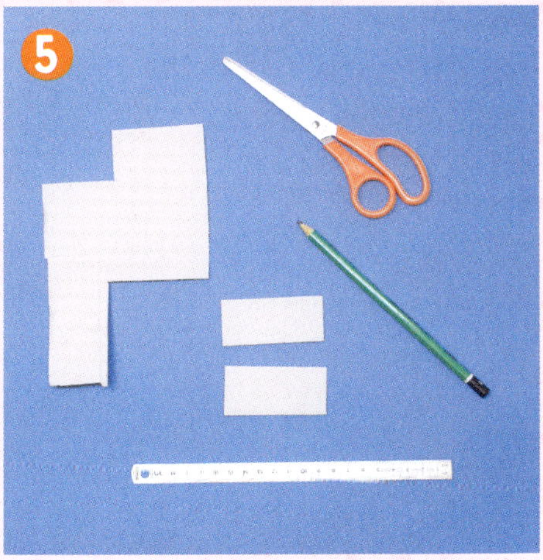

Schneide aus Karton 2 Rechtecke mit den Maßen 3 x 7 cm aus. Das sind die Sockel, damit deine Figuren stehen können!

Klebe je einen Sockel unter die Füße deiner Figuren.

Projekt 9

AUTO

»Ding dong!«, warnt der Bus, der anhält. Einige Passagiere steigen aus. »Piep piep piep«, tönt der Müllwagen. »Tut tut!«, hupen die Autos an der roten Ampel. Klein, hoch, länglich - Fahrzeuge gibt es in allen Formen! Baue zunächst einmal ein Auto und dann alle anderen Fahrzeuge für deine Stadt-Bewohner!

UTENSILIEN

- Heißklebepistole
- Schere
- Lineal
- Filzstifte/Marker
- Pinsel und Acryl-Malfarben
- Wasserglas und Lappen

MATERIALIEN

- 1 kleine Verpackungsschachtel mit Laschen (Teebeutelschachtel, Medikamentenschachtel ...)
- hellblaues und weißes Papier
- 4 Plastikflaschendeckel

Öffne die Schachtel an einer Seite, sodass die Laschen außen liegen. Bemale die Schachtel.

Zeichne die Form des Autos wie abgebildet mit 3 Strichen auf die eine Seite der Schachtel.

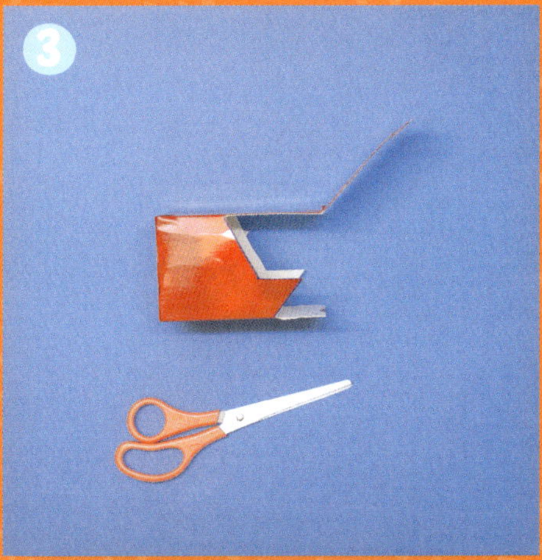

Schneide die Form entlang der Linien aus. Pass auf, dass du nicht die Laschen abschneidest. Mache das Gleiche auf der anderen Seite.

Falte die untere Lasche nach oben.

Falte die obere Lasche nach unten.

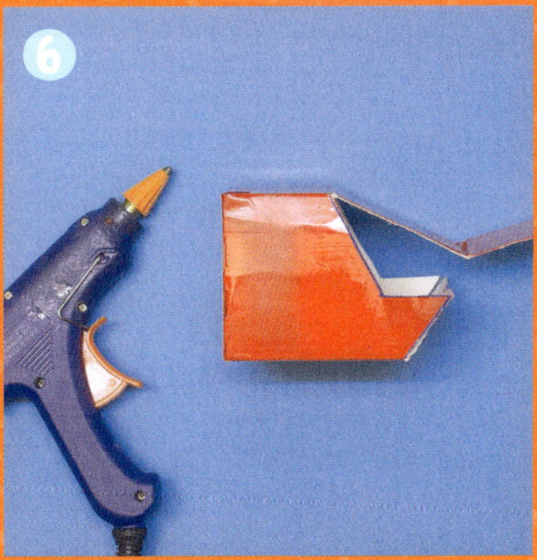

Klebe die untere Lasche fest, um die Stoßstange zu bilden.

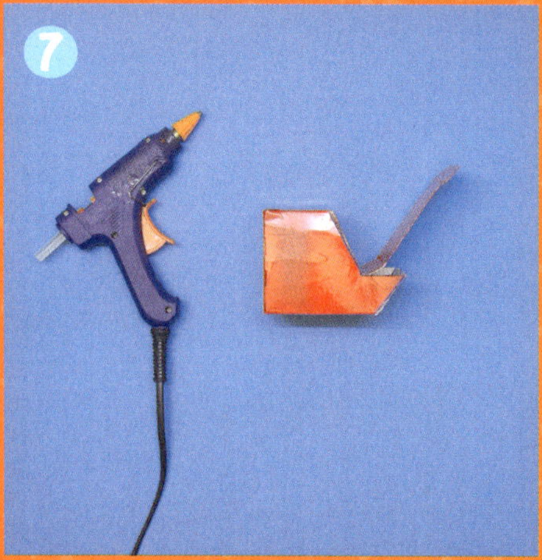

Klebe die obere Lasche auf beiden Seiten fest, um die Windschutzscheibe zu bilden.

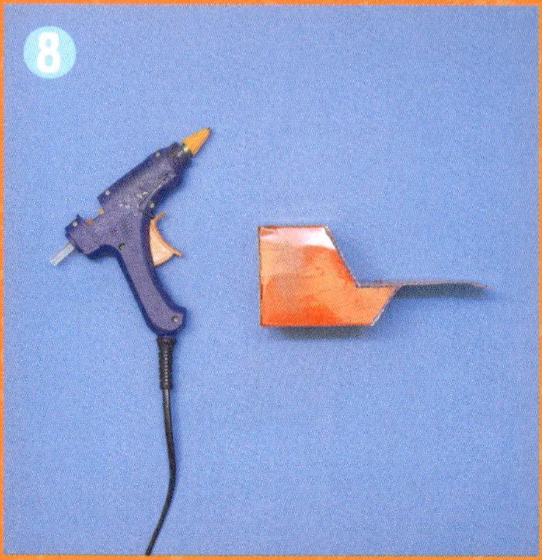

Klebe den Rest der oberen Lasche auf den leeren Raum vor der Windschutzscheibe, um die Motorhaube zu formen!

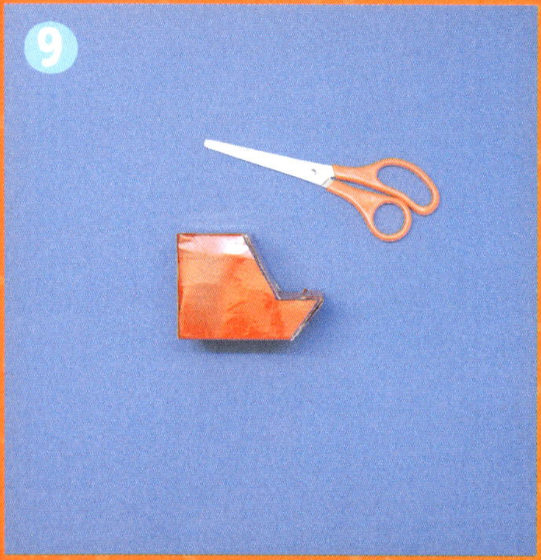

Schneide das überstehende Papier ab oder falte es um und klebe es auf die Stoßstange.

Schneide aus hellblauem Papier Dreiecke und Rechtecke für die Fenster und die Windschutzscheibe aus. Schneide vier weiße kleine Rechtecke für die Scheinwerfer aus.

Klebe die Fenster, die Windschutzscheibe und die Scheinwerfer auf dein Auto.

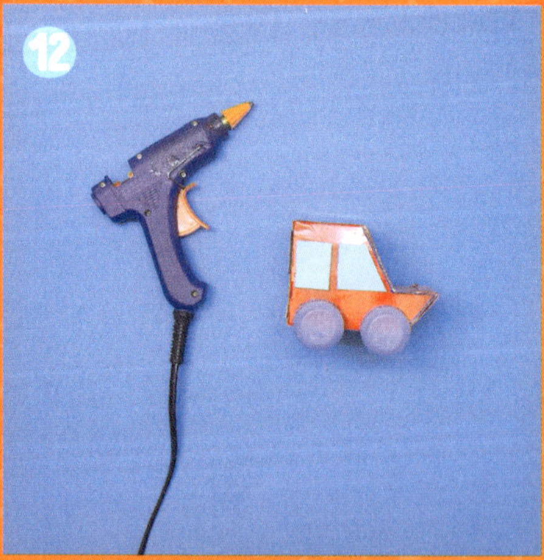

Klebe 2 Flaschendeckel an jede Seite, um die Räder zu gestalten! Los geht die Fahrt!

TIPPS

- Füge deinen Figuren Accessoires hinzu, z. B. ein Fahrrad, Einkaufstüten ...!
- Um deine Figuren lebendiger zu machen, zeichne sie bei einer Handlung, z. B. beim Spielen mit einem Ball.

TIPP

Experimentiere mit den Formen der Schachteln, um verschiedene Transportmittel zu bauen: einen Zug, einen Laster, einen Bus ...

Erschaffe ein gemütliches Bergdorf ...

Schule

50
HALTESTELLE

... oder eine aufregende Großstadt!

Hier ist Platz für
ein Foto deiner
eigenen Stadt!